## 3〜5歳
# 木育おもちゃで安心子育て

東京おもちゃ美術館館長
**多田千尋**

黎明書房

# はじめに

## 木のおもちゃが伝える自然の恵み

　子どもは遊びながら学んでいます。赤ちゃんの頃には部屋の中が主流だった遊び場は，成長とともに屋外へも広がっていき，自然と触れ合いながらいろいろな遊びを体験していきます。

　子ども時代に，木や草花などの自然と友達になることで，たくさんの生きる知恵を学ぶのです。しかし，最近では生活環境の変化により，十分に自然と触れ合うことができなくなってきています。大人になって急に自然と仲よくなるのは，なかなか難しいことなのです。

　自然の中で育った木からつくられるおもちゃも，子どもたちに自然の恵みを届けます。木は製品になっても，含まれる水分量が気候に合わせて変化するため，人の肌に近い存在と言われたりします。そのような木でつくられるおもちゃは，遊ぶ手に適度な心地よさと安心感を与えることになるでしょう。

　手の感触だけでなく，おもちゃの触れ合う音，目に強すぎない色味，癒される香りなど，木のおもちゃは遊ぶ子どもが意識しなくても，心地よさと安心感を届けてい

ます。

## 木は子どもの健やかな成長をうながすという「木育」の観点から

　遊びは子どもの成長発達に必要なものですから，三度の食事で摂る栄養のように，遊びの栄養も何でどのように摂るのかきちんと考えなければいけません。おもちゃは，食品の安全に気を遣うように，安心な素材であること，一方的に遊ばされるのではなく子どもからも関わりながら試しながら遊べることが大切だと考えます。

　木のおもちゃは，複雑な機構が組み入れにくい分，シンプルです。子どもからの関わりが高まらなければ楽しめないものが多いです。イマジネーションを膨らませながら，自分の手と頭を使って遊びをつくり，組み上げていくことも必要とします。誤飲の心配がある赤ちゃんには避けたいおもちゃもありますが，おもちゃの対象年齢の幅は広いです。

　安全な木の素材でつくられた子どもの成長発達を応援する「木育おもちゃ」で，子どもたちが安心感に包まれて，じっくりと遊べる環境を整えることをみんなで目指していかなければならないと考えています。

## 一般的な「木育」とは……

　「木育」とは，北海道で生まれた言葉で，木に対する親しみや木の文化への理解を深めるために，木材のよさやその利用の意義を学ぶものです。

　森林面積の広い日本なのに，国産の木材の利用が少ないのが現状です。森林は放っておくと荒れて，人間に必要な酸素をつくり出す力が衰えたり，土砂崩れや洪水の原因になります。二酸化炭素削減を地球全体で取り組まなければならない今，間伐材の利用の大切さ，日本の木に親しむ大切さを呼びかける声が広まっています。

　その1つとしての，幼い子どもたちが木で育つ，幼い子どもたちを木で育てるという意味の「木育」は，日本の木からつくられたおもちゃで遊ぶことから始まるのではないでしょうか。

　幸いにも，北海道から九州までの多県にわたり，日本の木でおもちゃをつくっているメーカー，デザイナー，職人が多数います。素材にこだわり，子どもの成長発達や遊びを見つめて，華美な装飾のないシンプルなおもちゃをつくっています。ぜひ，多くのかたに知っていただきたいと願っています。

　　　　　　　　　東京おもちゃ美術館館長　多田千尋

# も く じ

はじめに　1

## 🌳 音・香り……感覚を豊かにする木育おもちゃ 🌳

❶ 高らかで心地よい響きを楽しみます　8
❷ 木の音を聞き分けながら奏(かな)でましょう　10
❸ 指先からリズムが生まれます　12
❹ 感覚を研(と)ぎすまして遊びます　14
❺ 当てっこゲームで集中するおもしろさを　16

　コラム　子どもの視界を考えて安全を確保して遊ぶ　18

## 🌳 集中力が生まれる木育おもちゃ 🌳

❻ ３本の指を育てる独楽(こま)遊び　20
❼ 木の重さも感じながら立体構成します　22
❽ 美しいデザインに魅せられて遊びます　24
❾ 身体全体のバランス感覚を養います　26
❿ 玉の動きを予測して，全身のバネで入れます　28
⓫ 失敗をくり返して，タイミングをつかみます　30

　コラム　幼児の発達（３～５歳）　32

## ごっこ遊びで社会性を身につける木育おもちゃ

⑫ ままごと遊びの楽しみは演じることです 34

⑬ 大人顔負けの造形美が生まれます 36

⑭ 車を動かして、遊びの世界を広げます 38

⑮ 釣りごっこはバリエーション豊かに 40

⑯ 科学的思考につながるおもちゃ遊び 42

⑰ 手の中から紡がれる物語の世界 44

コラム　遊びの発展 46

## 造形力を身につける木育おもちゃ

⑱ 手や指の力を試す、それも遊びの楽しみです 48

⑲ グルグル回すための手首・手指のなめらかな動き 50

⑳ 線や形を見極めるパズル 52

㉑ バランスよく積んで美しい造形物を 54

㉒ どの形が合うかを考えながら遊びます 56

㉓ ネジをさして回して組み立てる積木 58

コラム　高齢者にも木育おもちゃ 60

## 順序立ててお話のできる子に育てる木育おもちゃ

- ㉔ 手が変身！　なりきり遊び　62
- ㉕ 動かす順番を考えながら遊びましょう　64
- ㉖ 親子遊びは社会性を育てる第一歩　66
- ㉗ 通る道順を考え，試しながら遊びます　68
- ㉘ 人々の関わりを知るお家ごっこ　70
- コラム　おもちゃにも使われる間伐材(かんばつざい)　72

## 想像力と構成力を伸ばす木育おもちゃ

- ㉙ 速(すみ)やかに手指を動かします　74
- ㉚ 人形型(にんぎょうがた)の積木は積むとまるで何かをしているようです　76
- ㉛ 組み方のパターンを知り，造形遊びの幅を広げます　78
- ㉜ バランス感覚と集中力が必要です　80
- ㉝ 生活や家族への信頼感を育てる人形の家　82
- ㉞ 数(すう)の概念を遊びながら自然に理解しましょう　84

- 日本の木のおもちゃ作家たち　86
- 木育推進の動き　88
- 木育推進施設　91

# 音・香り……
# 感覚を豊かにする
# 木育おもちゃ

同じような木のおもちゃでも，
音や感触，香りなどが
異なります。
子どもは遊びながら，
五感でその違いを
認識していきます。

# 1 高らかで心地よい響きを楽しみます

森や林の奥から聞こえてきそうな木と木が触れ合う響きに、子どもは耳をそばだてます。

高い木の枝から木の実が落ちるように、木の玉の音が移動していくおもちゃは、子どもも大人もじっと集中して聞き、何度もくり返して遊びたくなります。

木の玉は音を変化させながら降りていきます

静かな部屋で、おもちゃの音に耳をそばだててみましょう。

## おすすめ木育おもちゃ

どんぐり
コロコロ
木種
：カバ,
ナラ

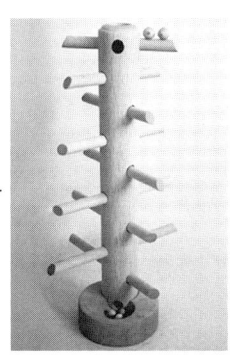

森のさえ
ずり
木種：ナラ

### 選び方

静かな場所で，耳を傾けて聞く体験は心を落ち着かせることでしょう。すんだ音のおもちゃを選びましょう。

### 与え方

棒が折れたり，木の玉をなくしては遊べません。ていねいに扱うことを教えましょう。

また，おもちゃを設置する位置や遊ぶ場所は，安全なところを選び，子どもが落ち着いておもちゃを扱えるように配慮しましょう。

手の上で揺らすと
生き物のようです

# 2 木の音を聞き分けながら奏でましょう

木種(もくしゅ)によって音の高さが異なります。加減しながら鳴らして、響きの違いを楽しみましょう。

　木琴などは、やたらと大きな音を鳴らすのではなく、心地よい木の響きを楽しみながらたたけるように、大人が見本を示してあげましょう。
　まずは1音ずつ、木種による音の違いに注目してみましょう。

木琴の響きに耳を
傾けてたたきます

音・香り……感覚を豊かにする木育おもちゃ

## おすすめ木育おもちゃ

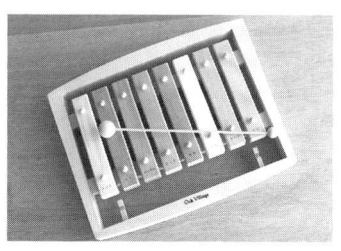
森の合唱団
木種：ブナ，トチ，ホオ，ナラ，ヒノキ，カバ，キハダ，サクラ，センダンなど

ドングリ・コロコロ
木種：セン，イチイ，ナラなど

### 選び方

音を楽しむためのおもちゃは，見た目では選べないので，実際にたたいたり，振ったりしながら聞き比べ，心地よい音のものを選びましょう。

### 与え方

ドングリは揺らすとコトコト小さく鳴ります

木琴だからといって，音階を意識し過ぎないようにしましょう。

大人と交互に鳴らし合うことで，じょじょに音の高低や強弱の違いも分かるようになるでしょう。

# 3 指先からリズムが生まれます

リズムや強さを変えながら指先を踊らせて，木の響きを楽しみましょう。

指に木のくつをはかせて踊らせます

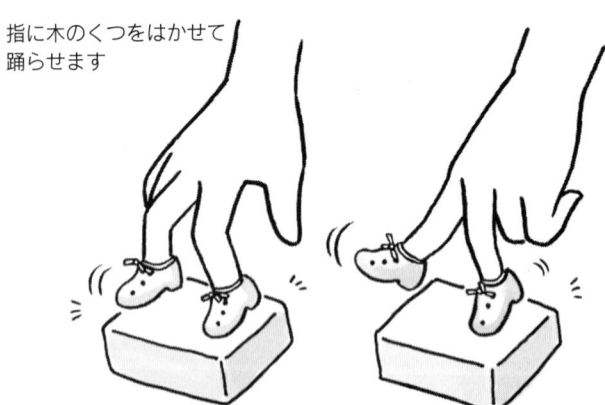

子どもの手は，じゃんけんをしたり，手遊びをしたり，指を折って数えたり，箸を持ってつまんだりと，じょじょに繊細な動きをマスターしていきます。

リズミカルな指の動きも練習しましょう。

## おすすめ木育おもちゃ

タップネット
木種：ブナ

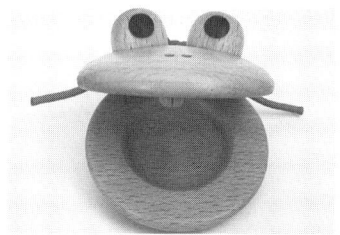

かえるのカスタネット
木種：ブナ，ケヤキ，テツボク

### 与え方

指先でテーブルなどをたたけるようになったら，木のくつをはかせてタップダンスに挑戦しましょう。

カスタネットをたたく時も，指先を意識して，鳴らしてみます。

### 遊び方

自由に鳴らすだけでなく，大人が歌を歌いながら，簡単なリズムでたたいて見せましょう。

無理にまねさせる必要はありません。楽しくリズム遊びしましょう。

# 4 感覚を研(と)ぎすまして遊びます

探究心旺(おう)盛(せい)な子どもと，木目や色，香りなどを感じながら遊びましょう。

日本にはいろいろな種類の木があります。庭や公園，山などで木を見たり，木片に触れて遊びましょう。

目や手を使って木目，色，音，手ざわりなどを確かめたり，鼻で香りを感じたりします。

「どんな香りがするかな？」

音・香り……感覚を豊かにする木育おもちゃ

### おすすめ木育おもちゃ

香りの木箱
木種：箱はスギ。中身は20種の雪国の針葉樹，広葉樹

### 与え方

木の皮を残した木片やかんなくずはていねいに扱うこと，強いにおいのものと一緒にしないことを伝えましょう。

木の香りが薄くなったら，紙ヤスリで削るとよいでしょう。

### 遊び方

まずは，五感を研ぎすまして観察遊びをしましょう。

気づいたことや特徴について，みんなでお話できるとよいですね。

庭や街路の落ちた枝や落葉なども加えて，積木遊び，造形遊びをするのはいかがでしょう。

# 5 当てっこゲームで集中するおもしろさを

子どもが考えている時に、あれこれ大人が指示をすると、子どもは集中できません。焦(あせ)らせずに見守りましょう。

コマの裏のソロバン玉が何色なのかを予想したり、覚えたりする当てっこゲームを楽しむ子どもの頭の中は、どれほど激しく働いているでしょう。

大人の声は、時に子どもの頭の中の混乱を招きます。

待つ姿勢も忘れずに。

## おすすめ木育おもちゃ

ドッキリ！ ロバンゲーム
（ダイちゃん）
木種：MDF，タケ，カエデ

ドッキリ！ ロバンゲーム
（ショウちゃん）
木種：MDF，タケ，カエデ

### 選び方

何色が出るか予想するゲーム，色から連想して遊ぶゲーム，神経衰弱，コマを全部はずす，または入れるタイムトライアル……など，1つのゲーム盤でいろいろな遊びができるシンプルなデザインのものがよいでしょう。

### 遊び方

ゲーム遊びは，子ども自身がルールを決めてよいものです。

遊び手の年齢や人数，経験などによって，ルールを変更したり，新しい遊び方を考えたりできるといいですね。

サイコロのオニが出たら…

音・香り……感覚を豊かにする木育おもちゃ

# コラム

 **子どもの視界を考えて安全を確保して遊ぶ**

　乳幼児は身長が低いので，大人と比べて目線が低いのは当然ですが，視界も狭いです。左右，上下ともに大人の1／2から2／3くらいしか見えていないそうです。足元もよく見えていないので，つまずいたり転んだりしやすいのも仕方ないことでしょう。

　子どもがおもちゃを持って歩いたり，汽車の遊具に乗って走ったりする時によそ見をしていると，つい「あぶないよ！」と注意したくなりますが，どうしたらよいのかを具体的に伝えないと，子どもはどう行動してよいのか分からないでしょう。

　「前を見て歩いてね」「右，左を見てから走ろう」などと，タイミングよく何度も伝えることが必要です。

　また，1つのことに集中していると，視界に入っているはずのものでも見えていなかったり，聞こえていないということがあります。

　子どもの行動範囲を考えて，部屋の床面をなるべく広くあけるようにしたり，テーブルなどの角に頭をぶつけないように環境を整えてあげましょう。

# 集中力が生まれる
# 木育おもちゃ

好きな遊びに熱中した後に味わう
爽快感や充実感，達成感は，
子どもの顔にも表れます。

# 6 3本の指を育てる 独楽(こま)遊び

手指の発達が目覚しい3歳頃から，親指・人差し指・中指の3本を育てる遊びをたくさんしましょう。

伝承玩具の中には，子どもたちの手指のコントロール力をうながすものがたくさんあります。

特に，ゲーム性の高い独楽は，成功するまでくり返し遊びたくなります。

毎日遊んで，3本の指を育てましょう。

### おすすめ木育おもちゃ

追っかけ独楽
木種：イタヤカエデ

ダルマ独楽
木種：イタヤカエデ

### 選び方

独楽は世界中にあり，日本の伝承玩具の独楽も，そのデザイン，回し方，回り方は多様です。

ぜひ，子どもに，日本の伝承の色・柄のものを体験させてあげましょう。

### 遊び方

ダルマ独楽は，独楽を回すと小さいダルマも回り，独楽が傾いて数字を示します。サイコロの替わりに使って遊べます。

追っかけ独楽は，中央の独楽を回すと，周りの2個の輪が追っかけっこしながら回ります。

# 7 木の重さも感じながら立体構成します

いろいろな木種(もくしゅ)を使った積木遊びは、構成する楽しさを味わうだけでなく、木肌や重みの感触の違いも楽しめます。

難しい立体図形や構造を理解する時、子どもの頃に体験した積木やブロック遊びが基礎となっていることでしょう。

「積もうかな。転がしてみようかな。」

たっぷりと時間をかけて、積み方をあれこれ考えながら遊びましょう。

### おすすめ木育おもちゃ

集中力が生まれる木育おもちゃ

MARUつみ木
木種：ミズキ，ケヤキ，ヒノキ，ブナ

#### 選び方

積木と一口に言っても，木の材質や表面加工の仕方，形の違いなど，その組み合わせは多様です。

実際に遊んで試してみて心地よい積木を選ぶと，じっくりと落ち着いて遊べるのではないでしょうか。

#### 遊び方

幼児期には，じょじょに複雑な積み方に挑戦するようになります。

1人で集中して遊ぶ時は，他者のさまたげが入らないように環境を整えてあげましょう。

子どもは，いろいろな積み方を試します

# 8 美しいデザインに魅せられて遊びます

"きれい！"と思うものには手が伸びます。遊んだ後に飾っておくと，再び手が伸びて，遊びたくなります。

子どものおもちゃは，おもしろいだけでなく，美しいデザインのものを選びましょう。

独楽(こま)の平面が美しい絵柄であると，つい手を伸ばして遊びたくなります。

すばやくひねって回す練習を楽しみましょう。

「どちらが長く回るかな。」

## おすすめ木育おもちゃ

はっぱ
木種：ブナ，ウォルナット，マコーレ，チーク

色遊び独楽
木種：ブナ，シナ合板

### 選び方

ひねり独楽は，"回せた！"という喜びが感じられるものにします。

重心の低いもので，止まっている時にも美しい色柄のものがおすすめです。

### 遊び方

つまんで，ひねって回します

誰かが回していると自分もやってみたくなります。

長く回す競争をしたり，手のひらや箱の上など，回す場所を工夫して，みんなで楽しみましょう。

# 9 身体全体のバランス感覚を養います

子どもは遊びながら運動能力を高めます。時には素足になって足裏の感覚も敏感にしながら遊びましょう。

幼児期は，身体の発達の個人差が目立つものです。

大人は，子どもが少し練習したら，"できた"という喜びが味わえるような運動遊びをさせてあげましょう。

その積み重ねが発達をうながします。

ひもを引き上げて，足を浮かせるように歩きます

### おすすめ木育おもちゃ

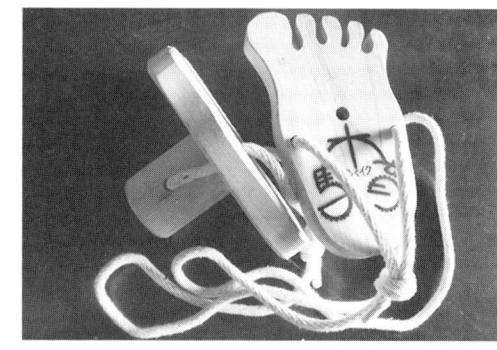

木馬育
(モクバイク)
木種：ヒノキ

### 与え方

　木馬育に上手に乗るには，まず素足になることです。片足だけ乗せて，ひもをしっかりと握り，引っ張りながらもう片足も乗せるとよいでしょう。乗れるようになっても不安定ですので床面を整備してください。

### 遊び方

　木馬育は，昔でいう空き缶でつくった缶ぽっくりです。

　違いは素足の指先で木の表面をしっかりつかむように力を入れることができる点です。

　乗る自信がない時期は，手で遊びながら親しむとよいでしょう。

揺らしてみたり，回してみたり…

集中力が生まれる木育おもちゃ

# 10 玉の動きを予測して、全身のバネで入れます

正確な方向にものを投げるには、手だけでなく、身体全体の運動能力が必要です。

ボールをカップに入れられるかな

3歳頃には、ボールなどを目指す方向に投げられるようになります。

けん玉遊びは、何度も挑戦する中で、手と全身の運動能力、考える力を養います。

### おすすめ木育おもちゃ

カップ・ケン玉
木種：ニレ，ミズキ

集中力が生まれる木育おもちゃ

#### 選び方

玉が入るか入らないかを試すおもちゃです。

成功した時によい音がすると爽やかな感動があります。響きのよいものを選びましょう。

#### 遊び方

けん玉遊びは，ひざの屈伸が大切だと言われています。

うまくできる人のリズミカルな動きを見せてあげるとコツがつかめます。

時には，玉をつかんで落とす遊びで，微妙な音の違いを楽しみましょう。

# 11 失敗をくり返して、タイミングをつかみます

できそうでなかなかできない遊びは，子どもも大人も夢中になります。競う相手がいると，さらに集中力が持続します。

腕の動きが俊敏になってきた頃に，少し難しいゲームに挑戦してみましょう。

2本の棒を動かして，玉がなだらかな坂道を上がっていくゲームはいかがでしょうか。

勢いをつけて，ボールを高いほうへ移動させます

### おすすめ木育おもちゃ

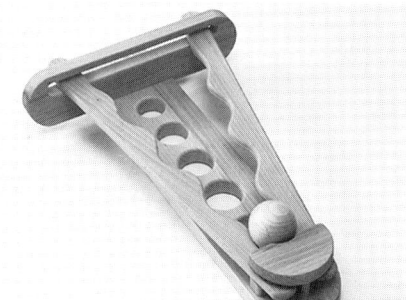

集中力UPゲーム
木種：ブナ

### 与え方

大人が夢中になってやっていることに子どもは興味を持ちます。新しいことに挑戦させたい時はまず大人が真剣に遊んでください。子どもが挑戦してもできない時には，間を空けて再挑戦の機会をつくってあげましょう。

### 遊び方

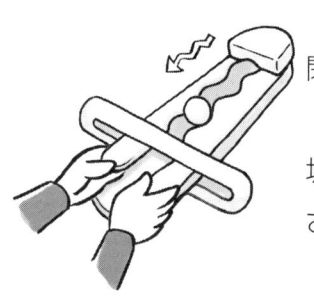

2本の棒をすばやく何度も開閉させて，玉に動きを与えます。

勢いよく棒を動かせば，玉は坂道を上がり，長い距離を移動させることができます。

数人で交代しながら遊んで，お互いに動かし方のコツを学び合いましょう。

集中力が生まれる木育おもちゃ

コラム

 **幼児の発達（3〜5歳）**

　3歳頃には，バラバラだった知識や動作が統合され，創造活動も始まります。絵を描き，積木で家をつくったりします。うまくできたらほめてあげましょう。

　また，空想ができるようになり，まねっこしながら表現力を身につけていきますので，ごっこ遊びやお話する時間を大切にします。じょじょに，自分の周りの世界の広がりを知っていきます。

　4歳頃には，会話もたくみになり，友達とのつながりも深くなっていきます。それにともない，人間関係のトラブルも体験します。おもちゃを取り合ったり，順番を待つために我慢をしたり，逆に友達と協力して遊ぶこともできるようになっていきます。

　友達との関係の中で，自分の思いを主張することも身につけさせたいものです。

　5歳頃には，遊びのルールを考えて競争したり，数や文字を覚えて使えるようになります。ごっこ遊び，劇ごっこなどでは自分たちのアイディアをぶつけ合い，多面的な遊びを楽しみながら，社会性も身につけていきます。

# ごっこ遊びで社会性を身につける
# 木育おもちゃ

何かになったつもり，
誰かになったつもりで
遊びながら，
コミュニケーション力を
アップさせていきます。

# 12 ままごと遊びの楽しみは演じることです

食事の楽しみの1つは誰と食べるかという場面設定でしょう。子どもはその楽しさを遊びでも味わいます。

孤食が多くなっている現代では、ままごとの食事場面においても、楽しいやりとりが少なくなっています。

お料理しましょう

ままごと遊びに大人が加わって、やりとりの見本を示してあげることも必要でしょう。

### おすすめ木育おもちゃ

カットベジタブル，
クチーナ，
ナベ，
フライパン
木種：ブナ，ミズキ

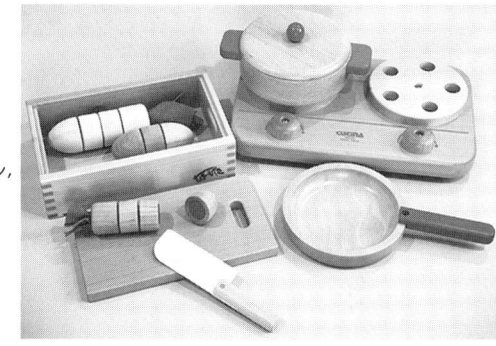

ごっこ遊びで社会性を身につける木育おもちゃ

### 選び方

ままごとのおもちゃはなるべくシンプルなデザインのほうが遊びに合わせやすいです。例えば，木製の円筒形のパーツは，ケーキ・巻き寿司・ハンバーグなど，自由に変化させながら料理ごっこが楽しめます。

### 遊び方

基本的には子どもたちが自由な発想で遊べばよいので，大人は常識や男女の役割を押しつけないようにし，子ども同士の仲介役を務めましょう。

サクッと切れる音が本物の野菜のようです

# 13 大人顔負けの造形美が生まれます

## 美しいと感じるアートは日常の生活の中にあります。子どもたちの手が美しいものをつくり出せるように大人が留意します。

硬くて重い木の台に，別な素材をプラスして美しい造形美をつくりましょう。

身近にあるいろいろな素材やその色は，無垢な木の色に調和し，子どもの大胆でラフな作業も映えます。

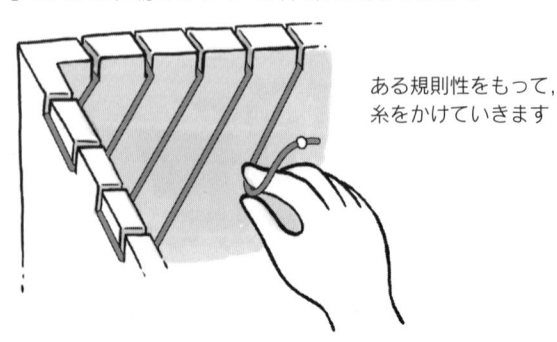

ある規則性をもって，糸をかけていきます

## おすすめ木育おもちゃ

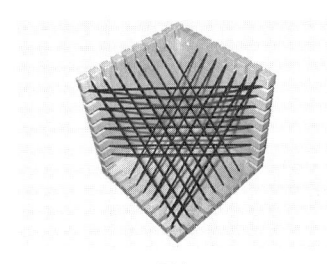

モアレ
木種：ブナ

ツヅミ
木種：ブナ

## 選び方

子どもに媚びるものでなく，大人も子どもも美しいと感じる形や色，感触のよい素材，すてきなデザインのおもちゃを選びましょう。

## 与え方

初めは大人がつくるところを見せ，飾ります。じっくりと観賞した後にようやく触れさせるとよいでしょう。

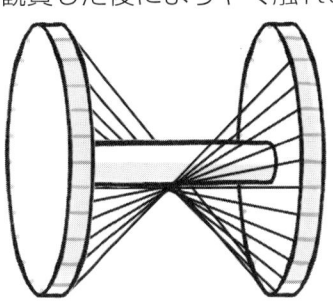

できあがった子どもの作品もきちんと展示して，大人と同じ扱いをしてあげましょう。

# 14 車を動かして，遊びの世界を広げます

頑丈な木の車は，物を乗せて運んだり，障害物を乗り越えるなど，子どもの大胆な遊びを支えます。

乗り物おもちゃは，男の子が遊ぶことが多く，乳児の頃からタイヤの動きに興味を持ったりします。

本物の車の動きを思い浮かべながら遊びます

どのようにタイヤが回るのか，どのようにショベルが動くのかをしっかりと観察しながら遊びます。

## おすすめ木育おもちゃ

ブルドーザ
木種：イエローポプラ，カツラ，ラミン

パワーショベル
木種：イエローポプラ，カツラ，ラミン

### 選び方

　車種にこだわりたい子もいますが，シンプルなデザインならいろいろな車に見立てることができます。

　いろいろな所を走らせるので，部品が取れやすいものは避けましょう。

### 遊び方

　ごっこ遊びのバリエーションが豊かになるように，室内の家具や遊具の配置，他にどのおもちゃを使うのかといったことを子どもと話し合いながら，環境を整えるとよいでしょう。

# 15 釣りごっこは バリエーション豊かに

釣りごっこは定番の遊びです。工夫していろいろなものを釣って楽しみましょう。

ねらいを定めて静かに釣る遊びは，1人でも遊べますが，競う相手がいると何度も挑戦したくなります。

役を決めて，ごっこ遊びの要素も入れると盛り上がります。

穴にいる虫を釣ります

### おすすめ木育おもちゃ

**ひっつきむし**
木種：スギ

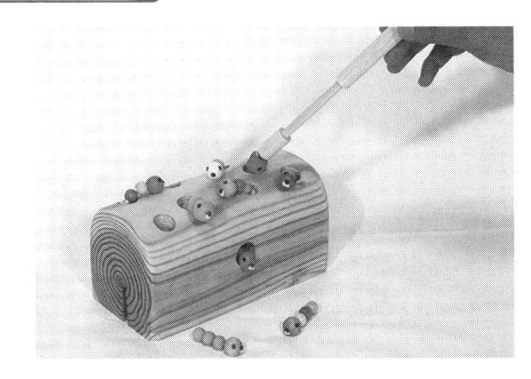

#### 与え方

釣竿（つりざお）などの棒は，長いほど危険です。棒を持って歩き回らないように，遊ぶ場所を決めましょう。

腰かけて遊ぶ，立つ位置を決めて遊ぶというように，必要に応じて釣る姿勢や位置も考えます。

#### 遊び方

ひっつきむしでは，虫を釣るので，鳥になって虫をとったり，ヒナ役にエサをやったりするごっこ遊びもできます。さらに想像力豊かに見立て遊びを楽しみましょう。

マグネットで釣るものは，静かな部屋で遊ぶとカチッという音も楽しめます。

ごっこ遊びで社会性を身につける木育おもちゃ

# 16 科学的思考につながるおもちゃ遊び

数を数えたり，大きい小さい，多い少ないの違いが分かるようになったら，重さを比べるおもちゃで遊んでみましょう。

重りを入れ替えて遊びます

重さ比べのおもちゃは，重いほうに重い分だけ傾くという単純さが，子どもに理解しやすいです。

大きさや形の違う積木，身近にある小物などを乗せ替える実験遊びは科学的な思考が必要です。

### おすすめ木育おもちゃ

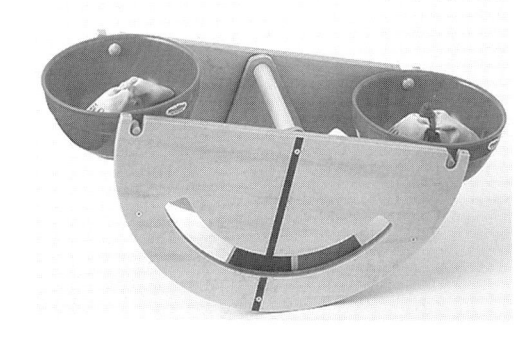

重さくらべ
木種：シナベニヤ

ごっこ遊びで社会性を身につける木育おもちゃ

### 与え方

重さを比べる時には，天秤のおもちゃを平らな机の上に置きましょう。

おもちゃの中央に目線がくるように，イスなどにきちんと腰かけて見るように留意します。

### 遊び方

好きなものを
入れてみましょう

重りを入れると天秤がユラユラ動くので，手で押さえたくなったり，逆に大きく揺らしたくなったりすることがあります。

重りを乗せたら，さわらず見守る集中力が大切です。

# 17 手の中から紡がれる物語の世界

単純化されたフォルムのおもちゃは、子どもの頭の中で自由に物語を紡ぐことでしょう。

幼児でも、1つのおもちゃから想像できること、創造していけることがたくさんあり、そこから物語が生まれます。

1人でも楽しめますが、友達とやりとりしながら、さらに自由に物語を展開させていきましょう。

## おすすめ木育おもちゃ

**りんご虫**
木種：ウォルナット，ミズキ，シナ合板

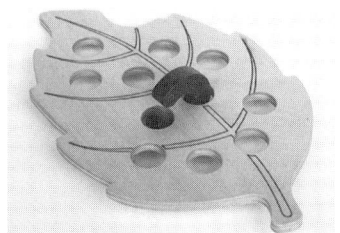

**葉っぱの迷路**
木種：ウォルナット，ミズキ，シナ合板

### 選び方

子どもの手指を楽しく使うおもちゃ，お話をしたくなるおもちゃの両方の要素があると長く遊べます。

### 遊び方

りんごの穴に虫の出っ張りを合わせながら通していくおもちゃでは，穴を虫の家に見立てたり，虫を電車に見立ててトンネルに通したり……自由に発想できます。

葉っぱの迷路は，一部が欠けた円形のいも虫をクルクルと移動させながら，進める道を探します。

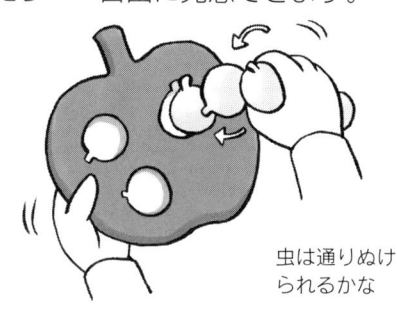

虫は通りぬけられるかな

コラム

## 遊びの発展

　木のおもちゃはシンプルでいろいろな遊びに対応できるデザインが多いですから，子どもの関わり方しだいで，いろいろな遊び方が生み出されます。

　積木を食材に見立ててままごとで遊んだり，ガラガラや木の車を合わせて遊園地をつくったり，木馬にたくさんのおもちゃを落ちないように乗せるゲームをしたり……。

　さらに，じっくりと遊んだ積木に，布や紙を巻いたり，シールを貼ったりして，飾ってみます。子どもはそれらを何に見立てて遊ぶでしょうか。

　日本では，昔から竹や枝，草や紙といった木の仲間で手づくりおもちゃをつくって遊んできました。手づくりすることも「木育おもちゃ」の遊びの1つとして，子どもたちにぜひ体験してほしいです。

　ノコギリや小刀，キリ，ヤスリなどの道具の使い方もきちんと教えたいものです。それには，昔おもちゃをつくって遊んでいた年長者に指導者となってもらい，その技を伝授してもらうとよいでしょう。世代間交流の1つとして行ってみませんか。

# 造形力を身につける
# 木育おもちゃ

子どもは木のパーツの
いろいろな積み方や組み方を
試しながら，
洞察力・理解力・造形力を
育んでいきます。

# 18 手や指の力を試す，それも遊びの楽しみです

いつもより少し強め，弱めというように力を加減することで，ちょうどよい力加減を学びます。

真ん中をたたいて崩します

木製のたたくおもちゃには，プラスチックや金属では味わえない感触や音のよさがあります。

たたく加減を変えながら，バラバラになるおもちゃの動きの違いを見てみましょう。

1回遊んだら，必ず元に戻して遊びます。

## おすすめ木育おもちゃ

ぼかん
木種：ブナ

スピン
木種：ブナ

造形力を身につける木育おもちゃ

### 与え方

たたくことで，おもちゃが飛びます。

遊ぶ本人だけでなく，周囲にいる人の顔に当たらないように気をつけましょう。

### 遊び方

飛んだ独楽が床で回ります

手で"ドン！"と1回たたくだけの単純な手の動きですが，くり返し遊びたくなります。

自分の力を加減することで，子どもはちょうどよい力加減を学んでいきます。

# 19 グルグル回すための手首・手指のなめらかな動き

手首がなめらかに回せると、手の活動の幅が広がります。生活の中でいろいろな作業ができる手を育てましょう。

　スイッチを1つ押すだけで複雑な動きを見せてくれるおもちゃがありますが、飽きてしまうことが多いです。

　それよりも、自分で能動的に動かし、加減を調整しながら遊ぶほうが楽しめるでしょう。

グルグル回すと、十字（交差点）に車が行き交います

### おすすめ木育おもちゃ

三丁目交差点
木種：ブナ

透明こま
木種：カエデ

### 選び方

複雑なからくりおもちゃは見ていて楽しいものですが，力加減が分からない頃は壊してしまう可能性が高いです。子どもが手を使って遊ぶおもちゃは，くり返し遊びに耐えられる丈夫なものを選びましょう。

### 遊び方

三丁目交差点では，手の円運動と十字を行き交う車の動きの関係に驚きます。

透明こまは，しっかり回せると横から富士山が見えてきます。

手の動きがなめらかになるように楽しく遊びましょう。

両手でこすって回す方法もあります

造形力を身につける木育おもちゃ

# 20 線や形を見極めるパズル

型はめパズルがうまくなったら，組み合わせや動かし方を考えるパズルで遊びましょう。

パーツを組み合わせて造形を楽しんだり，枠に収めたりします

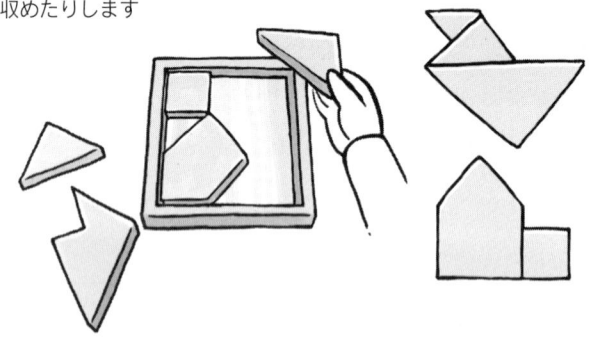

　木の手ざわりを楽しみながら，パズルの組み合わせや動かし方を考えます。

　パズルは楽にできるようになったら卒業です。

　次なる少し難しいパズルに，じっくりと時間をかけて挑戦していきましょう。

## おすすめ木育おもちゃ

ユークリッドパズル
木種：オーク，メイプル，ブナ，ホワイトアッシュ

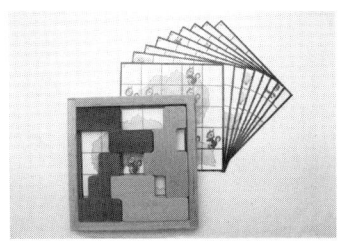

かくれんぼパズル
木種：ウォルナット，ブナ，メイプル，パドゥク

### 選び方

難し過ぎるものは楽しく遊べません。パーツの少ないものや単純な形のパズルから始めて，じょじょに難しいものに挑戦できるように大人が選んであげましょう。

### 遊び方

初めのうちは1人で時間を気にせずに取り組めるとよいでしょう。

できるようになってから，友達とタイムを競ったり，新しい組み合わせや動かし方を考えながら遊ぶと楽しいでしょう。

造形力を身につける木育おもちゃ

# 21 バランスよく積んで美しい造形物を

自然のもつ形の美しさを生かして、造形遊びを楽しみましょう。頭と手を使って積み方を考えます。

お友達と交互に積んでみましょう

バランスよく積むためには、目でパッと大きさや形を認識し、手で微調整しながら、つくりたい形を目指して手を動かします。

　木や竹など、自然のままの形を生かしてつくられた積木は、予想とは異なる美しい造形物ができます。

## おすすめ木育おもちゃ

OXパーツ
木種：モウソウ竹

### 選び方

積んだり並べたりしてつくる積木には，立方体，円柱というようなきちんとした形のものと，枝や幹を割っただけの自然のままの形のものがあります。

どちらも体験できるとよいでしょう。

### 遊び方

基本的には子どもの意のままにつくらせます。

しかし，積み方に困るようでしたら，大人がいくつかのパターンを見せてあげましょう。

平面に並べるのも楽しみましょう

造形力を身につける木育おもちゃ

# 22 どの形が合うかを考えながら遊びます

型はめ遊びは、分かってしまうと関心が薄れますが、形を認識するのに大切な遊びです。

積木の一面が穴の形に合うと、ストンと落ちます

目で見た形を手で確かめて動かしていくうちに、穴に合ってストンと落ちるのが、子どもの小さな胸にも納得がいって気持ちよいものです。

簡単にできるようになると、この遊びを卒業します。

## おすすめ木育おもちゃ

木のパズルボックス
木種：ブナ

造形力を身につける木育おもちゃ

### 選び方

手でしっかりつかんで形を把握しますので素材は大切です。ストンと落ちた時に心地よい木の音が聞けるのも楽しみです。シンプルな形のパーツは，他の遊びにも使いやすいでしょう。

### 遊び方

子どもが集中して遊んでいる時には，大人は話しかけたりせずに，見守ってあげましょう。

自分で同じ形を探す，穴の形に合わせようと微調整する，ストンと入れる，というように段階を踏んでいきます。

## 23 ネジをさして回して組み立てる積木

積む,並べるだけでなく,ねじ込むなどの技法も取り入れて遊びます。

クルクルとネジを回す遊びができるようになると,子どもの指がだいぶ器用になってきた証(あかし)です。

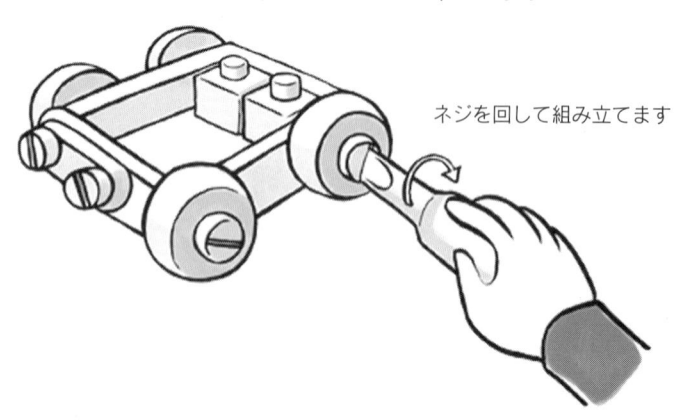

ネジを回して組み立てます

小さな構成物をつくったり,大人と一緒に大きな構成物に挑戦するのも楽しいでしょう。

## おすすめ木育おもちゃ

郡上八幡のねじあそび
木種：ブナ，カエデ

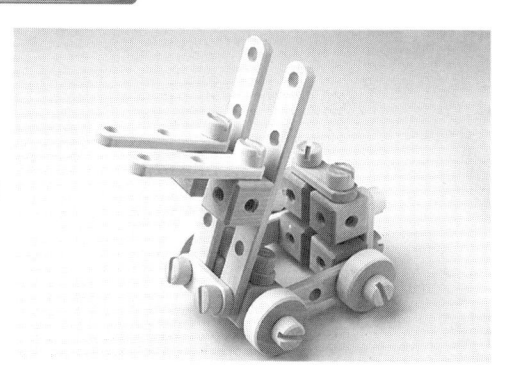

### 選び方

部品の種類が多いほど，多様な構成物ができますが，子どもには部品を選ぶのが難しいことがあります。

### 遊び方

組み立て遊びをするのが難しい頃には，部品をさすだけ，クルクルとネジを回すだけという単純な遊びから始めてみます。

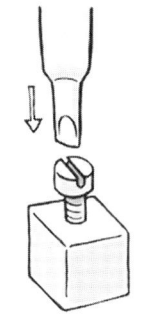

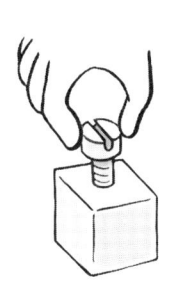

いくつかの部品を連結させたり，小さな固まりがつくれるようになると，それを組み合わせて大きな構成物がつくれるようになります。

造形力を身につける木育おもちゃ

## コラム

### 🌳 高齢者にも木育おもちゃ

　高齢者福祉施設でも木のおもちゃが使われています。おもちゃをリハビリの道具として使ったり，日々のアクティビティでも楽しむようになってきています。

　高齢者が子どもの頃に遊んだ独楽(こま)やけん玉などの日本の伝承玩具は木でできているものが多いです。久しぶりに手にすることで，普段よりもたくさん手を動かしたり，誰かと楽しく話すきっかけになったりします。

　手にマヒや不自由があるかたなども，木肌の心地よさや適度な重みを感じながら，子どもの頃の思い出話を語り合うこともあります。

　また，昔懐かしいおもちゃだけでなく，現代の新しいデザインのおもちゃへも，高齢者は手を伸ばします。

　新しい出合いだからこそ，うまく扱えなくても大丈夫という安心感もあります。

　木は親しみのある素材であり，シンプルでデザインの美しいもの，遊び方が分かりやすいものは，年齢を超えて楽しめます。

# 順序立ててお話の できる子に育てる 木育おもちゃ

言葉は使いながら,
少しずつ上手になっていきます。
心地よい木のおもちゃで
遊びながら,
楽しくおしゃべりしましょう。

## 24 手が変身！なりきり遊び

目玉をつけると手が急に何かの生き物に変身します。大人も照れずになりきり遊びを楽しみましょう。

指に木の目玉をつけると自分の手がいつもと違って見えます。

何に見えるか，何になっているのか，子どもの発想に合わせて，大人の手も何かになりきり，お話遊びをしましょう。

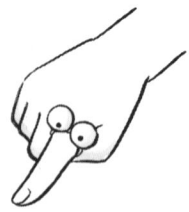

「アヒルさんこんにちは。」
「あらっ，ゾウくん元気？」

### おすすめ木育おもちゃ

キョロ
木種：ビーチ

#### 与え方

　忙しい親子は，電車の中などが貴重なコミュニケーションの場になります。

　つい携帯電話や携帯ゲーム機に手が伸びがちですが，時には目玉をつけてお話しましょう。

　声を出さなくても指の動きでお話できますか？

#### 遊び方

　どの指にはめてもいいですし，手袋やハンカチも利用して，なりきり遊びをパワーアップするのも楽しいです。

　何の動物になったのかを当てっこしたり，歌に合わせて踊ったりしてみましょう。

順序立ててお話のできる子に育てる木育おもちゃ

## 25 動かす順番を考えながら遊びましょう

子どもたちは働く車が大好きです。頭の中でシミュレーションしながら動かします。

荷物を積む，走り出す，届ける，空になった車が車庫に戻る……というような一連のくり返しに満足すると，新しい遊びに移っていきます。

子どもが決めた手順を尊重してあげましょう。

## おすすめ木育おもちゃ

tuminy（ツミニィ）
木種：ブナ，シナ合板

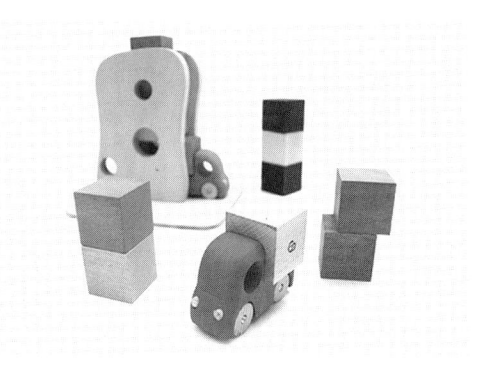

### 選び方

子どもたちの自由な発想に対応できる車は，単純化されたデザインのものでしょう。

心地よい重量感も，子どもの遊びに刺激を与えます。

### 遊び方

子どもたちに，積木などを使って家や工場，街並みなどを協力してつくって遊ぶこともすすめてみましょう。

創造力を刺激し合いながら，遊びが膨らんでいきます。

また，コミュニケーション力もアップします。

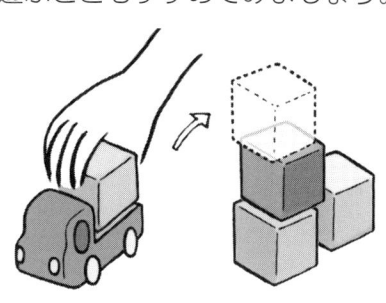

順序立ててお話のできる子に育てる木育おもちゃ

# 26 親子遊びは社会性を育てる第一歩

いろいろなことが1人でできるようになっても，親との心の触れ合いが必要です。

子どもは，突然大人にはなれません。

時には，木のぬくもりを感じながら，親子で一緒にパズル遊びなどをしましょう。

あれこれ質問する必要はありません。

ゆっくりと子どもの声に耳を傾けましょう。

「うさぎさん，にんじん食べているね。」

## おすすめ木育おもちゃ

うさぎ
木種：ミズキ

親子パズル
木種：ミズキ，ホウ，タモ

### 選び方

遊ばなくなった後も飾っておきたくなるデザイン，素材のものがおすすめです。

おもちゃも子どもの成長の記録ですし，次の代へも伝えていきたい文化財です。

### 遊び方

「どうしたの？
お腹がすいたかな。」

1人遊びだけでなく，2人でパズルを交互に入れていったり，手探りだけでパズルを入れていくなど，遊び方を親子で話して決めるのもいいですね。

順序立ててお話のできる子に育てる木育おもちゃ

# 27 通る道順を考え，試しながら遊びます

自分の考えたやり方を落ち着いて試す遊びは，論理的思考の第一歩です。

「どこの穴に通るかな。」

途中で投げ出さずに，1人で最後までやりとげる遊びは，幼児から小学生にかけて，ぜひ体験してほしいものです。

特に，手軽な迷路のおもちゃは，ゴールがはっきりしているので達成感があります。

## おすすめ木育おもちゃ

動物迷路
木種：ブナ

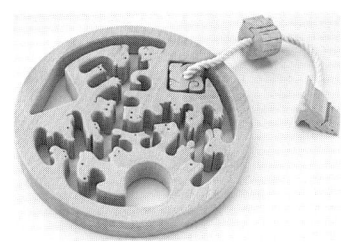

動物迷路（円形タイプ）
木種：ブナ

### 与え方

最初に大人は遊び方や通し方を説明しないで，子どもたちに発見してもらいましょう。自分が考えたことを試してみる，うまくいかなかったら違う方法を試してみるという能動的な関わり方は大切です。

### 遊び方

ひもで迷路遊び，木のピースで形合わせという2つの要素があるおもちゃでは，年齢や理解度によっては楽しめないことがあります。

大人が部分的に手助けをしたり，逆に子ども自身が目をつむって手の感覚で動かしてみるなど，遊び方を工夫してみましょう。

## 28 人々の関わりを知る お家ごっこ

身近な生活をまねたり，想像して遊ぶお家ごっこは，広さや使うものなど，適度な空間設定ができると落ち着いて遊べます。

人形を動かしながらお話しましょう

　食事スタイルやしつけの仕方，家族の役割など，家庭によって異なるのは当然でしょう。
　よい，悪いではなく，いろいろな生活スタイルがあることを子どもたちが知ることが大切です。

### おすすめ木育おもちゃ

おうちごっこ
木種：シナベニヤ

### 選び方

子どもたちは身近なものを並べたり組み合わせたりして，お家を形成して遊びますが，できれば色やデザインに統一感のある美しい遊び環境になるように，調和のとれたグッズを用意してあげたいものです。

### 遊び方

子どもたちはそれぞれの生活の違いからなのか，お家ごっこ遊びにも多少のトラブルがあります。

子どもたちが自分たちで解決していく経験をするチャンスです。大人の介入は極力少なくしましょう。

## コラム

### おもちゃにも使われる間伐材(かんばつざい)

　戦後，植林したスギ・ヒノキは育ち，伐採期を迎えています。しかし，輸入材の増加や木材産業の不況で価格的にも不安定要因が加わって，山に定期的に人が入らなくなり，貴重な資源が活用されずに放置されてしまうことが多くなっています。

　植林した頃に描いていた未来は，自然のサイクルに合わせてていねいに樹木を育て，孫の代で使うという長期計画でした。今，先人達が築こうとしてきた営みを，これからの時代につなげていくために，国産の木材の利用を増やすことが国をあげて見直されています。

　植林した木々は，成長するにつれて枝葉が重なり，お互いの成長を阻害してしまいます。そこで，一部の木々を抜き，枝葉を広げられる空間をつくってあげる必要があります。このような作業を「間伐」と言います。この間伐材でさまざまな製品やおもちゃがつくられています。

　間伐された森林では，木々の成長が促進され，天災に強い森林となります。さらに二酸化炭素の吸収量も増し，温暖化に歯止めをかける大切な役割も果たします。

# 想像力と構成力を伸ばす
## 木育おもちゃ

積木遊びや
ブロック遊びなどは，
くり返し遊ぶ中で
いつも新しい発見や挑戦が
あるから楽しいのです。

## 29 速やかに手指を動かします

崩し方，並べ方を考えながら，なるべく速く作業しなければならないおもちゃは，手と脳を刺激します。

誰かが遊んでいるのを見ているとできそうなのに，自分では器用にできないという悔しさを体験するのも必要です。

木の玉を並べ替えて色の並びを替えます

1人で黙々と練習するだけでなく，友達からアドバイスをもらったり，声援を受けて何度も再挑戦したりする経験も大切です。

### おすすめ木育おもちゃ

ならべっこ
木種：メープル，ミズキ

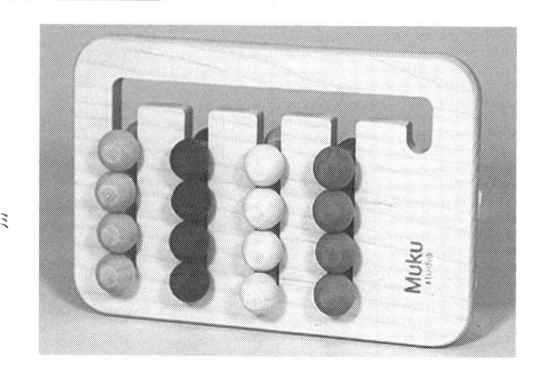

### 与え方

指で自由に動かせるようになるには少し練習が必要です。

無理に扱い方を教えようとせずに，なるべく自分で発見させましょう。

### 遊び方

横に同じ色を並べる，縦に同じ色を並べる，2色を交互に並べるなど並べ方を工夫します。

次に，利き手だけなく，他方の手指でも挑戦したり，2人で交互に動かしたりしてみましょう。

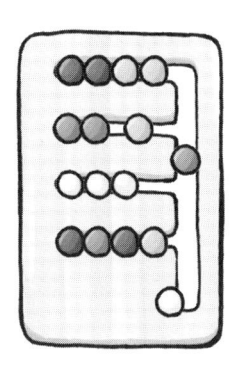

想像力と構成力を伸ばす木育おもちゃ

## 30 人形型(にんぎょうがた)の積木は積むとまるで何かをしているようです

「人」の形をしている積木は,手をつないだり,逆立ちしたりといった動きも出すことができます。

素材の香り,目と手でとらえる形,積む時の感触,崩した時の音など,五感を刺激しながら遊びます。

うまく積めるか
ドキドキワクワク!

さらに,人形の形をした積木を使う時は,人々が何かをしているようにイメージしながら表現していきます。

### おすすめ木育おもちゃ

忍者
木種：ビーチ

#### 選び方

いわゆる定番ではない積木の種類はたくさんあります。

できれば，子どもと一緒に実際に手にとって感触を確かめ，遊んでみて扱いやすさを確認しましょう。

#### 遊び方

人形の向きを変えたり，寝かしたりすると積み方のバリエーションが広がります。

3人釣ったよ！

積木で積木を釣るゲームなど，パーツのでっぱりを活かした遊び方も考えてみましょう。

想像力と構成力を伸ばす木育おもちゃ

# 31 組み方のパターンを知り，造形遊びの幅を広げます

円形パーツは上下縦横といった方向だけでなく，弧や円を描く構成もできます。

ブロックなどの構成おもちゃは，遊び慣れていない時期に「工夫してつくりましょう」と言われても難しいでしょう。

パーツのへこみを組み合わせます

友達や大人と一緒に組むパターンを考えたり，みんなで教え合ったりしながら時間をかけて遊びを広げましょう。

### おすすめ木育おもちゃ

くで
木種：ブナ，ウォルナット

### 与え方

初めは，数個のパーツでいろいろな組み方のパターンを考えてみましょう。

大人も，子どももみんなで一緒に考えると相乗効果でたくさんのアイディアが出てきます。

### 遊び方

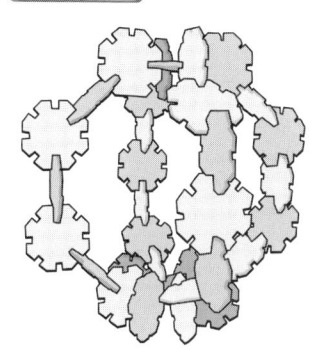

構成するおもちゃはなるべくたくさんのパーツを用意して，自由に構成しましょう。

時には，テーマを決めて組んでみましょう。

できあがったものを見合うのも大切な遊びです。

想像力と構成力を伸ばす木育おもちゃ

## 32 バランス感覚と集中力が必要です

手足のある積木は,組体操のピラミッドのように絶妙なバランス構成が楽しい。

初めは安定した単純な積み方を目指してくり返し遊びます。

子どもは,自然に難しいバランスの積み方にも挑戦するようになり,崩れる怖さがなくなるとさらに大胆な発想で積んでいきます。

高く積めるかな

### おすすめ木育おもちゃ

かえるの
アクロバット
木種：サクラ，ブナ

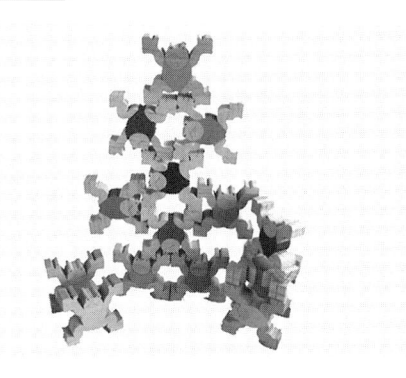

### 与え方

　高く積むことが考えられますので，安定した床面で遊びましょう。

　他の積木や人形，その他の小物も一緒に積んで遊ぶと楽しいおもちゃの世界ができます。

### 遊び方

　子どもと大人が競うように，高く積んだり，美しい構成を考えたりして楽しみましょう。

　子どもは子ども同士だけで遊ぶよりも，負けん気を出して遊びますので，大人も真剣に取り組んでほしいものです。

想像力と構成力を伸ばす木育おもちゃ

## 33 生活や家族への信頼感を育てる人形の家

いろいろなできごとを再現して,子どもなりに納得したり,気持ちを安定させたりします。

「ヒノキくん,公園で遊ぼうよ!」

　うれしければ人形を並べてパーティーをしたり,気分を変えたい時には家具を並べ替えたりします。

　人形を動かしながら,言葉や感情を豊かにし,家族への信頼感も高まるでしょう。

### おすすめ木育おもちゃ

こまむどぉる，
はうす，家具
木種：ブナ，パイン

### 選び方

人形は，どんな表情も想像できる穏やかな顔のものを選びます。家や家具は，安定した形で，子どもの扱いやすい適度な大きさと重みがあって，感触のよい素材のものがよいです。

### 遊び方

子どもたちの遊びは，同じように見えても，毎日設定が変わっていたりします。

また，他の人形や小物も動員して遊んだり，本物の土や水が登場することもあります。できるだけ大人の常識を押しつけないようにしましょう。

想像力と構成力を伸ばす木育おもちゃ

# 34 数の概念を遊びながら自然に理解しましょう

子どもは，生活や遊びの中で，自分のペースで，長さや大きさを比べたり，数えたりしながら，数の概念を理解していきます。

　長さや大きさなどが突起の数と対応しているブロックおもちゃは，遊びながら自然に同じ数であることや，違いの多い少ないも把握できます。

　じょじょに立体構成の法則も見えてきます。

### おすすめ木育おもちゃ

かずつみき
木種：ブナ，カエデ，
　　　シナ合板

### 選び方

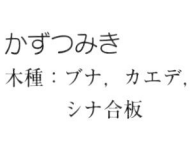

子どもがつかみやすい大きさと素材であることが基本です。ブロックの縦横の長さや突起の数から，数量を把握しやすく，立体構成しやすいデザインであることも大切です。

### 与え方

自由に並べたり積んだりして遊ぶ中で，大人が数えてみせたりします。教え込もうとすると遊びの時間が楽しくなくなります。また，好きになれないことは上達しないので，焦らずに楽しみましょう。

想像力と構成力を伸ばす木育おもちゃ

# 日本の木のおもちゃ作家たち

北海道から九州までの多県にわたり，日本の木を主に使っておもちゃをつくっているメーカー，デザイナー，職人が多数います。この本に掲載したおもちゃのつくり手を紹介します。つくり手が使用する木種についてのメッセージも一部紹介しています。本文も合わせてご覧ください。

## 北陸・中部・東海

### NPO法人お山の森の木の学校
（新潟県東蒲原郡阿賀町）
香りの木箱 P15

雪国の木20種を使用。その香り，肌ざわり，重さなどの木の特徴を感じてもらいたい。

### 銀河工房　小林 茂
（長野県上田市）
色遊び独楽 P25
集中力UPゲーム P31
三丁目交差点 P51
動物迷路 P69

### 酒井産業㈱
（長野県塩尻市）
木のパズルボックス P57
郡上八幡のねじあそび P59

耐久性があり，バリも出にくく，木目のきれいなブナ材のよさを生かしています。

### かしも遊木民
（岐阜県中津川市）
木馬育（モクバイク）P27

優良建築材のヒノキは粘りが強く，美しい色合いと木目です。

### オークヴィレッジ㈱
（岐阜県高山市清見町）
森の合唱団 P11

同じ長さの板も，重さや硬さの異なる木を並べることで音階ができきます。

## 近畿

### Mtoys アトリエ　松島 洋一
（京都府宇治市）
モアレ P37
ツヅミ P37
ぼかん P49
スピン P49

### ㈱ダイイチ
—そろばんの町—
兵庫県小野市
ドッキリ！ロバンゲーム（ダイちゃん・ショウちゃん）P17

### クラフトマキダダ　城本 素史
（和歌山県西牟婁郡すさみ町）
かえるのカスタネット P13

## 中国・四国

### 木のおもちゃ杢（MOKU）　守重 シゲ子
（山口県萩市）
かえるのアクロバット P81

サクラは堅くても粘りがあり，割れにくいので，積木に適しています。

### ㈱西都　石川 正一
（山口県山口市）
OXパーツ P55

### 木のおもちゃ　きつつき工房　彦根 泰男
（岡山県美作市）
ブルドーザ P39
パワーショベル P39

### ウッドペッカー
（島根県益田市）
ユークリッドパズル P53
かくれんぼパズル P53

## 九州・沖縄

### 独楽工房　隈本木工所
（福岡県八女市）
MARUつみ木 P23

九州産の木材で，各々の木の色や重さも楽しめます。

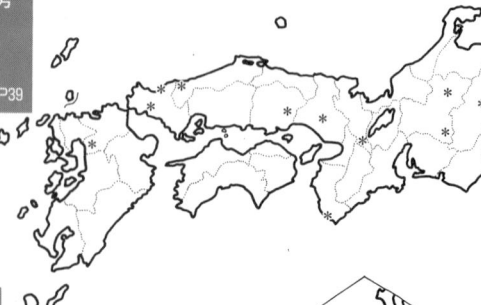

北海道

### KEM　煙山　泰子
北海道札幌市
ドングリ・コロコロ P11
カップ・ケン玉 P29

煙山泰子がデザイン監修し，津別町木材工芸協同組合が北海道産のニレ，ミズキなどで製造。

### 三浦木地　三浦　忠司
北海道旭川市
どんぐりコロコロ P9
森のさえずり P9

東北

### ㈱つたや物産
山形県米沢市
追っかけ独楽 P21
ダルマ独楽 P21

関東

### 大原荘
群馬県吾妻郡東吾妻町
うさぎ P67
親子パズル P67

### おもちゃのこまーむ　小松　和人
埼玉県川口市
タップネット P13
tuminy P65
こまむどぅる，はうす，家具 P83

### 無垢工房　野出　正和
埼玉県飯能市
キョロ P63
ならべっこ P75
忍者 P77

### 夢工房ももたろう　藤原　浩司
埼玉県羽生市
ひっつきむし P41

### アトリエ倭
埼玉県ふじみ野市
はっぱ P25
くで P79

着色したくないので，天然の木で色の強いものを選択。薄い板は木目の角度を違えて圧着して，反りや割れを防止。

### プレイワーク　ねもと　いさむ
東京都杉並区
かずつみき P85

### 赤い鳥　山中　俊男
東京都八王子市
りんご虫 P45
葉っぱの迷路 P45

### 自由学園工芸研究所
東京都豊島区
重さくらべ P43
おうちごっこ P71

### ㈲木　中井　秀樹
東京都新宿区
カットベジタブル，クチーナ，ナベ，フライパン P35

### ㈲博進社
神奈川県川崎市
透明こま P51

昔からこけしや木地玩具に使われているカエデを使っています。

ここで紹介したおもちゃは，東京おもちゃ美術館併設の Toy Gallery Apty 四谷やネット，玩具店などで購入できます。
TEL　03-5367-9603　FAX　03-5367-9604　http://www.toy-art.co.jp/apty/

# 木育推進の動き

## 木育ファミリー　—北海道で生まれた「木育」推進活動

「木育」は，2004年度に北海道と道民の協動による「木育推進プロジェクトチーム」において検討がかさねられ，2005年3月に生まれました。その後，そのメンバーが中心となって民間活動組織「木育ファミリー」を発足させて，木育をすすめる取り組みを行っています。（代表：煙山泰子・KEM工房主宰，木工デザイナー）

## 森の"聞き書き甲子園"

2002年，林野庁と文部科学省の主催で始まった「森の"聞き書き甲子園"」は，日本全国から選ばれた100人の高校生が「森の名手・名人」を訪ね，知恵や技術，人生そのものを「聞き書き」し，記録する活動です。

「森の名手・名人」とは，きこり，造林手，炭焼き，船大工，木地師など，森林に関わる分野でさまざまな経験や優れた技術を先人達から引き継いでいる人のことです。

## 木づかい運動　—京都議定書の目標達成に向けた国産材利用拡大のための国民運動

日本の木材自給率は2割と低い水準です。国産材が利用さ

れないことから，手入れの行き届かない森林が増え，荒廃が進んでいます。

このような状況を踏まえて，林野庁は2005年度から「木づかい運動」の取り組みを開始しました。国産材の積極的な利用を通じて山村を活性化し，$CO_2$（二酸化炭素）をたっぷり吸収する元気な森林づくりを進めています。

サンキューグリーンスタイルマーク

※㈶日本木材総合情報センターが登録管理

## 木育推進体制整備総合委員会

NPO法人活木活木森ネットワークは，学識経験者やNPO等からなる，「木育」の具体的なプログラムや教材の検討・開発を行う「木育推進体制整備総合委員会」〈座長＝山下晃功（日本産業技術教育学会副会長，島根大学教育学部教授）〉を運営し，「木育」の指導者の養成や体験プログラム，各種教材の作成等の企画検討を進めています。

## 木育インストラクター研修会

小中学生を対象に「木育」の普及・啓発活動を行う指導者を養成する研修会を開催しています。森林・林業，木材，木でものをつくること，環境等の教育の意義・効果等を理解し，「木育」活動を実践するために必要な知識やスキルを学びます。

木育研究者である，山下晃功氏（島根大学教育学部教授），

浅田茂裕氏（埼玉大学教育学部教授），井上淳治氏（木まま工房，木楽里主宰）等が指導しています。
運営：NPO法人活木活木森ネットワーク

### 木育.JP ―木材のよさやその利用の意義を学ぶ

「木育」の意味や必要性，木育の進め方を説明するなど，木育活動に便利な支援ツールのダウンロードサービスも充実。木工体験ができる施設の紹介もあります。
運営：NPO法人活木活木森ネットワーク

### 木づかい.com ―国産材使って減らそう$CO_2$

一般のかた向けに製品情報からイベント情報など，さまざまな木づかいトピックを提供している木育サイトです。
運営：NPO法人活木活木森ネットワーク

### 岐阜県立森林文化アカデミー

岐阜県は豊かな森林資源に恵まれ，優れた「ものづくり（匠）」と「木造建築」の伝統があります。自然の循環と一体になった持続可能な社会を築くため，自由で実践的な高等教育の拠点として，2001年に岐阜県立森林文化アカデミー（専修学校）が設立されました。地域の森林の活性化や木の文化の再興に情熱を抱く多世代のかたが全国から集まって学び合っています。

## 木育推進施設

### 東京おもちゃ美術館 ―全国の木育おもちゃで遊べる

　木種(もくしゅ)の違いを観察したり，木工作の体験等ができる木育推進施設は全国にたくさんありますが，東京おもちゃ美術館は，日本の木でつくられたおもちゃが全国から集まっていて，遊ぶことができます。

　「おもちゃのもり」の部屋には，厚さ3cmの九州山地のヒノキ材が敷き詰められ，2万個の木の玉でいっぱいの「木の砂場」があります。寝転がって，森林浴はいかがでしょう。

　また，おもちゃとの出合いや遊びを支援するおもちゃ学芸員とのコミュニケーションや手づくり体験も楽しめます。

　運営するNPO法人日本グッド・トイ委員会は，長年"よいおもちゃ"について真剣に考え，日本や世界のグッド・トイを選考＆紹介する活動を展開するとともに，おもちゃコンサルタントやおもちゃ学芸員等の人材育成にも力を入れています。

東京おもちゃ美術館
「おもちゃのもり」

## グッド・トイ キャラバン ―木育おもちゃの遊び場を届ける

　今こそ，自由自在に遊ぶ力と想像力を再び子どもたち・大人たちに。そのような思いを抱く人が住まう地域こそが，グッド・トイ キャラバンの行く先です。赤いキャラバンボックスに，木育おもちゃと遊びのヒントをぎっしりと詰め込んで，日本全国へ木育おもちゃの遊び場とライブステージを運びます。

　開催希望地と東京おもちゃ美術館が協働で，市民性創造につながるイベントをつくっていきます。

キャラバンボックス

- ●木のおもちゃが大集合！　触れて遊んで木育体感
- ●見る，聞く，参加する，遊びのライブステージ
- ●いつもの会場がグッド・トイ キャラバンの世界に
- ●設営から撤去まで「まるごと楽しもう」が合言葉

## ☝ Toy Gallery Apty 四谷（in東京おもちゃ美術館）

　日本の木で製作しているおもちゃ作家を応援し，北海道から九州までの木育おもちゃの普及に務めています。子どもの発達に合わせたおもちゃ選びや遊び方などを気軽に相談できるおもちゃコンサルタントが常にいますので，お声をかけてください。

※この本で紹介している木育おもちゃも扱っています。

Toy Gallery Apty 四谷

　ここで紹介した以外にも，たくさんの団体や企業，個人などが活動しています。

　それらの活動が広がり，さらに多くのかたがたが「木育」を通して，日本の自然環境や生活を見直し，世界・地球規模で，ものごとを考えられるようになっていくことを願っています。

**著者紹介**

●多田千尋　（東京おもちゃ美術館館長）

　東京・新宿に開設した『東京おもちゃ美術館』（収蔵数100ヵ国15万点）は，おもちゃを使った「木育」推進活動が評価され林野庁長官より感謝状を受ける。また，日本のおもちゃ職人100人の玩具を集めたギャラリーショップ「Apty」や移動おもちゃ美術館「グッド・トイ キャラバン」は「木育」を推進する全国の幼児教育・子育て関係者から強い関心を集めている。

　芸術教育研究所所長，高齢者アクティビティ開発センター代表，早稲田大学講師などを務める傍ら，全国に，「おもちゃインストラクター」を10000人，「おもちゃコンサルタント」を4000人養成。さらに，シニアのアクティビティケアを通した「高齢者玩具100選」を作り上げるなど，広く多世代に亘ったおもちゃ文化の形成に努める。『遊びが育てる世代間交流』（黎明書房）など著書多数。

＊イラスト：武田亜樹
＊企画：菊池貴美江（芸術教育研究所）
＊協力：加藤貴彦・山田喜美江（芸術教育研究所）

お問い合わせ先は…
東京おもちゃ美術館　〒160-0004　東京都新宿区四谷4-20　四谷ひろば内
☎　03(5367)9601　　　URL　http://www.goodtoy.org/ttm/

3〜5歳　木育おもちゃで安心子育て

2010年3月31日　初版発行

| | | |
|---|---|---|
| 著　者 | | 多　田　千　尋 |
| 発行者 | | 武　馬　久仁裕 |
| 印　刷 | | 藤原印刷株式会社 |
| 製　本 | | 協栄製本工業株式会社 |

発　行　所　　株式会社　黎明書房

〒460-0002　名古屋市中区丸の内3-6-27　EBSビル　☎052-962-3045
　　　　　　振替・00880-1-59001　FAX052-951-9065
〒101-0051　東京連絡所・千代田区神田神保町1-32-2　南部ビル302号
　　　　　　☎03-3268-3470

落丁・乱丁本はお取替します。　　　　　　　ISBN978-4-654-06090-0
Ⓒ ART EDUCATION INSTITUTE 2010, Printed in Japan